诗集

水底的火焰

李成 著

新华出版社

图书在版编目（CIP）数据

水底的火焰 / 李成著.
-- 北京 : 新华出版社, 2022.12
ISBN 978-7-5166-6706-4

Ⅰ. ①水…　Ⅱ. ①李…　Ⅲ. ①诗集 – 中国 – 当代
Ⅳ. ①I227

中国国家版本馆CIP数据核字（2023）第015381号

水底的火焰

作　　者：李　成

出 版 人：匡乐成　　**出版统筹：**许　新
责任编辑：徐文贤　　**封面设计：**刘宝龙

出版发行：新华出版社
地　　址：北京石景山区京原路8号　**邮　　编：**100040
网　　址：http://www.xinhuapub.com
经　　销：新华书店、新华出版社天猫旗舰店、京东旗舰店及各大网店
购书热线：010 – 63077122　　**中国新闻书店购书热线：**010 – 63072012

照　　排：六合方圆
印　　刷：北京厚诚则铭印刷科技有限公司

成品尺寸：135mm × 210mm　1/32
印　　张：6.75　　**字　　数：**120千字
版　　次：2023年3月第一版　　**印　　次：**2023年3月第一次印刷

书　　号：ISBN　978-7-5166-6706-4
定　　价：38.00元

自　序

这是我正式印行的第五本诗集了吧？然而是第一次得到发售的机会，它会由此从小圈子走向更广大的读者，我在获得喜悦的同时也感到了一丝惶恐。

在短短的一年多一点的时间里，我有了这些收获，这多少有些让我感到惊讶，甚至未曾料到。这些作品或许有这样那样的缺点与不足，但可以说都是我的心声。它们是我心灵哺育的小鸟，我或许把它们关在笼子里已久，早有自由的渴望，我现在把它们放出来，飞向天空；它们在欢快地鸣唱，也会尽快振翅高飞，寻觅心灵的回声，到每一位喜欢它们的读者那里。

这些鸣唱未必都很动听，但我可以自豪地说，这里没有任何的矫揉造作，无病呻吟抑或为赋新词强说愁的意味；它们都是发自灵魂深处的寄寓、愿景和呼唤。人生不能没有理想，生来不甘只为一己营求安逸，总渴望像一棵树爆发出枝叶那样生发辉光，为这个世界，为他人；然而人生实难，举步维艰，往往只得谋求一枝栖以得宁安，与最初的期许大相径庭，情何以堪，遂不能不生感慨，许多便付诸吟咏，乃有这些长长短短的诗章，所以我对此常有且喜且悲的心情：除了这些，还能做什么或还能有什么呢?

这倒让我对诗创作有一种听之任之、自由生长的态度，甚至感觉到各种苦心经营、雕之琢之的可笑。

幸运的是，我这些吟唱飞出来，竟然未都消失无闻，而是多多少少获得了一些反响。除了报刊发表了一些，我还在今年11月号的《诗歌月刊》上欣喜地读到如下的一段评点文字：

《水底的火焰》一诗，使人想到诗人庞德的《抒情曲》：“我的爱人是深深藏在水底的火焰。”在这里，诗人都是表达一种崇高的理想追求被阻隔，上下不屈的寻觅求索精神。火焰、大海、远航、森林、布谷鸟等意象在诗里不断出现，意味深长。他的诗情感饱满，延续了英雄主义的诗歌情结，有着人文探索的意韵。

这真让我有一种知音之感。我不由在心里对写下这段“主持人语”的“微蓝”深致感激。我想起一位学者对我所说的话：写作，哪怕只有一个人真正读它、读懂了它，也是值得的。那么，我也有了一点继续努力下去、不断探索攀登的勇气和动力。

我也有了将这部诗集命名为“水底的火焰”的勇气与理由。

还是要对发表这些作品的报刊——它们除《诗歌月刊》外，是《品读》《诗刊》《诗潮》《绿风》《诗林》《瀚海潮》《浙江诗人》《工人日报》等表示真诚的谢意，是你们赋予这些作品以翅膀，使其能够向属于它的世界飞去。

最后，我还要感谢每一位读者，愿这些诗能在您的心灵里留下一丝痕迹，赢得一些共鸣！

李　成

二〇二二年岁末·京西鲁谷

目 录 | CONTENTS

自　序 / 1

第一辑

春日在望 / 3
杂花生树 / 5
清　晨 / 7
信 / 9
一小株樱 / 11
海　风 / 13
大地与花 / 15
草原印象（组诗） / 17
海　涛 / 28
春日在燃烧 / 30
秋　天 / 32

树叶裙 / 34
悼一条河流 / 37
冰上 / 39
鹤 / 41
一只小布谷鸟 / 43

第二辑

你是世界的回声 / 47
最好的理解：星星 / 50
雨 / 52
白　鹤 / 54
落　日 / 56
太阳照着丘垅 / 59
大海落叶 / 61
大地号远航 / 64
大地孤岛 / 66
一粒盐 / 68
镜　子 / 72
风雨欲来 / 74
世界末日那一天 / 76
野月亮 / 78
水妖的传说 / 80

昙　花 / 82
雪　灯 / 84

第三辑

洗砚池边树 / 89
很久以来第一次读诗 / 91
一首刚刚完成的诗 / 93
携一本书进卧室 / 95
一个诗人在银行 / 97
我的藏书 / 99
你的微笑 / 101
鸟儿情人 / 102
爱人与井 / 104
赤　裸 / 106
我怀念每一次聚会 / 108
城门口 / 110
流动的书房 / 112
地球与月亮携手 / 114
遥望敬亭山 / 116
一个女诗人的墓 / 118
一位诗人死于鱼雷 / 120
父亲的脊背 / 122

云中的拖拉机 / 124
山那边有条小径 / 126

第四辑

世界公园 / 131
走出森林 / 133
红舞鞋 / 135
石头　剪刀　布 / 137
泥　土 / 139
万家灯火 / 141
暖　雪 / 143
月　球 / 145
河　流 / 147
骨　笛 / 149
树——人 / 151
一　叶 / 153
水的门 / 155
高　铁 / 157
你看见的雨 / 159
被弃的地球 / 161
傩 / 163
风　筝 / 165

第五辑

水底的火焰 / 169
大海的会见 / 171
每个人都是愚公或西西弗斯 / 174
我把心埋在一棵树下 / 176
一颗星落入井中 / 178
所有的旗帜都呼唤着风 / 180
杜鹃夜鸣 / 182
夜行记 / 184
发光的并不都是金子 / 186
耶　稣 / 188
我的马 / 190
取一点 / 191
在风中 / 193
醒　来 / 195
猫头鹰的一夜 / 197
请把门打开 / 199

第一辑

春日在望

当冬日来临
一切都纷纷谢幕
连星星都退向宇宙深处
冷冷地眨着眼睛

一切繁华杳无踪影
难为枯萎的心灵当中
仍有一颗在坚韧地呼唤
仍有目光穿过云丛

封闭已久的帷幕终于掀动
地平线一点点扩张明净
远处传来一声鸟鸣
积雪急剧退向背阴

接着泉水跟进

石头也开始湿润
树枝刚有一星嫩黄
燕子飞来剪出阴晴

灌木丛中花蕾跃现
钻出来飞舞的是早莺
所有冬眠的都重新找回角色
在一场大剧中出演

所有消失的都回来了
这个世界一天比一天丰润
每一片绿叶每一双手
都如一叶叶帆航向碧空

杂花生树

每一朵花都犹如梦境
每一朵花都带着夙世的心情
悄悄地爆出一个芽
前不久枯枝还像一根铁棍

就像小孩子扒着门缝
闪着眼睛　微凸着嘴唇
哗啦一声　大门就开了
泻下一地阳光如黄金

探头探脑　牵牵襻襻
最初是稀稀落落的一群
接着就成群结队推推搡搡打闹
在风中爆发出笑声

但谁说了一句笑话

她们的脸一下子变得通红
她们知道遇到好辰光
天这么蓝云这么白风这么轻

她们多想到草地上跳一支舞
可她们把舞蹈的脚步给了溪流
她们多想齐声唱一首歌
可又把小雀舌给了黄莺

所有该开的都开了
几乎一个不多一个不剩
把一棵棵树装点成珠宝船
把大地装点成春神的宫殿

这里
每一朵花都是春的化身

清　晨

一次次地来到
你却总是没把她看够
因为她新鲜
如这草叶上的翠绿与晨露

她新鲜　因为一切
正在开始　正在进行
而她是多么广大
她把自己给了天下所有的人

不！还有动物和植物
还有海浪　甚至还有岩石
一条河流开始流动
那船于是一帆风行

追呀　上帝从天明的一刻

给人间放出一只白鹿
逐鹿天下　谁不是
所以天上听到羲和的鞭声

有的人乘风破浪
有的人趺趺爬爬
有的人磨穿了脚踵
有的人被鹿角刺破了手掌

她总是不愿停下
她也不可能回头
无论前头是如日中天的辉煌
还是寂然涸灭的山谷

她从所有的地方走过
从大道通衢也从荆棘草尖
她日渐富态　风情万种
更是激发人无数情欲

无比美丽的少女　有着
鲜嫩无比吹弹得破的皮肤
我每一天都迷恋着你
与你偕行　并相信
有一天与你一同逝去……

信

第一封信当然是晨光
悄悄挤入窗棂仿佛要入我梦境
接下来是绿的一闪
窗外的一簇簇枝叶等待我去读

星星撤离后　那一泓清溪
仿佛刚解除了约束
湖面上的帆即将融入云空
我却及时地懂得她的手语

露珠透明的函件
已在枝头垂挂了千年
鸟鸣那一声亲切的招呼
才是第一时间发出

沿着牛蹄迹我走进田野

一叠叠麦浪可以装订成书
只有荒黄的山岗一片模糊
转眼又从灌木丛中飞出几只白鹭

为什么在这样的早晨
我会发现自己是一个读信人
是谁把这些信件一下子送来
让一个贫穷的诗人如此富有

每一行每一句每一个字
都是亲切的问候
我不愿错过一棵小草的祝福
无论到何时这世界都不会结束

我无疑也被写进一封信中
大地的每一隅都可以
绘成图画　寄到你的案头
寄到四面八方去——

无论何时这世界都在延续……

一小株樱

一小株樱
挺立水滨

一小株樱
临水照影
确认春天也确认自己
已然来临

它最初从春天的门缝
探头探脑
一小株樱
把一朵朵花蕾在枝干上横陈

仿佛为印证春天与冬天不同
那么多如玉雕成的花瓣
那么多紫蕊繁英

多么像凝望的面容与眼睛

凝望什么呢？自己也噘着嘴唇
仿佛有这样的疑问：
我为什么在这里　我来
为什么不见春的踪影

春天就是你呀
一小株樱
你之所在春最浓
你所有的花都开着
全身心接纳春天
仿佛这还不够
还须以死　以凋谢
完完全全与春相融

这样你明年还会回来
一年一度回来　繁花满枝
临水照影
如春魂——

海　风

海风吹过来
是那么柔软
那么强劲

海风吹过来
带来海的气息
带来海的咸味

一缕缕的海风吹过
撕扯着绿叶
振动着红树林

吹拂着一叶叶白帆
从地上吹到天际
从佛得角吹到好望角

海风萦绕不去
缠着常青藤
把怀中的岛屿吻了又吻

海风吹过来
一切都在逆风生长
潮汐涨到天上

海风里阳光泛涌
小鸟翠绿新叶生辉
鲜红的花那么明媚

海风侵蚀着海边的栏杆和堤坝
也在钻入骨缝
在渔人的眼眶边漾起波纹

海风吹过来
一千年一万年地吹过来
一海面的浪涛始终不知疲倦地翻滚

波光粼粼……

大地与花

大地上的语言无声地涌动
每一朵花都那么朴素
因为大地就这么朴素

奇怪　它们比泥土芬芳
或许泥土把芬芳蕴含蓄积很久
直到这一刻才绽放出

它们便用花瓣和芳香交流
哪怕被雨水淋透
而大地始终沉默不语

漠漠延展的大地噙着嘴唇
袒露着胸脯一直到天际
万物从这里取得生命　万物!

花儿用它的手抚摸着
块块垒垒　山坡　沟谷
眼里却擎出晶莹的泪珠……

草原印象（组诗）

一、草与草原

确实都是草　一根根向前
仿佛可以摸到天摸到月亮

每一根都直立着　静默
保持自己的沉思默想

有时也像人一样觯着肩膀
但能拥抱的只有风和空荡

于是便有了独立的空间
不粘连　也不背弃

默契地聚拢在天下一角
由此形成一个海一样的草原

吐气如兰　在夜里
一棵草的清香覆盖向远方

微风过来也会偃伏
但偃伏过后仍然直起身来

直起身为了顶一颗露水
清清亮亮地照亮夜晚

但最终可能丧身羊口
或黎明被马蹄践踏

终还有新芽从蹄迹或羊粪里萌出
又组成一个草的海洋

一株不多　一株不少
在这生生世世的太阳下

二、蒙古长调

那么幽深　那么悠长
只有如此　才能探索深深的海洋
几千年的黑夜

那么婉转　那般绵延
只有这样　才能触摸目光都到不了的
天边

只有长　才能触及人世的悲伤
只有长　才能把失去的心找回来
才能把捣碎的心抟炼成花

蒙古长调就是穿过草原的
一条条道路
一辆辆勒勒车摇摇晃晃走在上面

蒙古长调就是穿过天空的河流
一盏盏油灯　点亮
一只只小船顺流而下

沾着露水　沾着泪水
长绳般打开通天的河岸
炊烟般从深如泥土的心底袅起

它萦绕着阳光　它织进了月光
萦绕着向日葵　家园
也萦绕着挥之不去的死亡

但在这宽阔的天空　空阔的草原
它最像母亲的摇篮曲
轻轻地摇晃着草原

让万物毫无遗漏都长大
历尽无数风雨晦明
也穿越无尽的苍茫……

三、草原之夜

草原之夜降临是那么神圣
那么安详

草原之夜降临
仿佛降临了一位慈母
携带无数星辰

穹窿从四面八方围拥
每一株小草却都波澜不惊
静静地站立　它们
早已习惯夜色和骇人的宁静

那一道缓缓的稀树草坡
仿佛追逐到天边
篝火升起来时　冒着火星
新月也会跳跃起舞

只有幽微的风
在草原上游荡
甚至会和一朵花纠缠不清
却怯于叩一顶蒙古包的门

所有的生物其实醒着
大地也不过是假寐
稍待会听到——
太阳车碾动地平线——
隆隆的热烈的声音——

每一棵草都将燃烧
一团红红的火焰熊熊……

四、蒙古包

我歇息的蒙古包
专门接待游人

设施简陋到只剩原木几根
一张土炕一盏油灯

但灯光照耀的包外的夜
与一千年前的有什么不同
那寂寞的风从门上悄悄溜走
仿佛就要拥入几位猎人爽朗的笑声

无边的夜像海
毡包像一只乌篷
顺着波涛漂流
天上地下起伏不定

但终于还在这片天空下
绿茸茸的草地如毯如茵
奶茶的滋味强烈
羊肉的膻腥把本质的一面提醒

最温暖的是挂在毡壁上
成吉思汗的画像
那目光亲切如河流
岁月在他眸子上凝定

今夜　我不再是飘蓬

五、马头琴

谁说草原就是
默默无声的大地

不　它总要抬起头来
显示马的彪悍　英俊

整个草原就是一匹马呀
奔驰在风中雨中

这头颅始终昂着
即便微微弯曲
也是为了凝思或侧耳谛听

它谛听什么呢
千里之外传来一声
同伴的嘶鸣

呀　它也以嘶鸣
作为回应

它的身上流过旋律
成为弦琴

于是便有杂沓的风雨和
马蹄声如江河水倾泻
凌厉的羊群　马群的身影
从这里驰骋
更有无数太阳　月亮
轮番驰过
连同它们一道驰骋的
还有江河
还有天空

所有的日子驰骋过了
狼像箭一般逃遁
紧追不舍的江河
奔向大地远方
抬起头
看一眼草原深处的毡包
看一眼老额吉
老马——
看一眼羊刀
看一眼套马杆——

泉水——
顿时从无尽的大地向我汹涌!

六、风从蒙古高原来

风从蒙古高原吹来
风起于一根草叶

起于天空　风在南下
风在南下的途中

就像千万条溪水
一齐向南　波光粼粼
就像千万条江河
汇在一道　滔滔滚滚

风从蒙古高原吹来
带来草的气息
带来沙尘
也带来一丝膻腥

多么强劲的蒙古风
就像铁骑的马蹄

从南方的土地掠过
带来新鲜的官职名称和公文

多么强烈的蒙古风
不仅跨州跨县
而且跨山跨海
改写着版图上的疆界

这阵风在一阵一阵
拼命地打门
这风给多少村落
带来残垣断壁
和寡妇的哭泣殷殷

但这风又将万物
像风吹野草一样吹醒
这风带着苍凉与宽阔南下
在中华的胸膛上
推动无边的波纹

这风吹开了南方的大路
吹开了南方的船只
一只只

飘向天空

这风把我们的肤色敲定
这风融进了我们的血液
融进了我们的汗腺
雕刻着我们的性格
雄性的蒙古马一样彪悍　雄骏

海　涛

每日每夜　在大海的胸前
匍匐　呜咽
每日每夜　在大海的脊梁上
滚动　飞越

仿佛有千年的疼痛
仿佛有洗不掉的沉冤
仿佛有骨肉散失
总抵达不了　却又不能弃绝

时时刻刻产生于远海深处
时时刻刻在宽阔的海面跳跃
不能已于言　只能发出
一阵阵喧啸　一声声呻吟

仿佛在提醒人们

这是一个怎样的世界
仿佛反复诉说
为什么良愿总难以实现

从天涯海角　从四面八方
汇集到中心　澎湃　激越
仿佛要拿云拿星拿月
但最终还是化为洁白的一缕

缭绕在陆地的胸口
仿佛能摇山撼岳
而无数的蜃景与霓虹
都在瞬息万变的浪花中沉湮……

春日在燃烧

最先点燃的是那一树柳丝
那么翠绿的火光如此纯粹
接着是那银杏　一枝接一枝
一千亿次靠近沸点

关不住的何止是春色
光焰从园子里直拂行人的脸
而一近似熏灼的草坡
竟还有郁金香暗蓝的火苗摇曳

不久那座石桥就得接受考验
那么些人身上着火从林中跃现
而鱼儿也一阵阵漫过津梁
那么多的桃花想用火炬占领制高点

毫无疑问　一条条大河

化身为火龙　翻滚向原野
那么多村庄如粗头乱服的村女
在花雨中飞扬缤纷的发辫

春天与战争一起降临人间
这边是死亡　那边是新生
一切都轰轰烈烈
千万亿束阳光聚成无数焦点

或许正是在战争的废墟上
一切再次被点燃
一只鸟在空中飞翔的火焰
一只船在海上折射成一团纷飞的光线

新生的一定盖过死亡
任何的战争阻止不了春天
烧焦的土地上会飞出一只凤凰
涅槃后鸣声是那么激越！

秋　天

走上一条小径落叶缤纷
如踏上渐渐弱下来的一线蝉声
一眼细细的泉水　里面忽现
日益明净的天空

山野在安静地躺着
仿佛在回味夏日的激情
它悄悄地结出夏天的孩子
一枚枚红果在树叶间露出面容

一行大雁的唳鸣划出了界线
南国回到了望中
许多叶子就这么变红
田间的谷穗把头颅低沉

水落石出　那么多芜杂与繁华消减

是珍珠是鱼目　是虎豹是虫豸
一目了然　最后一枚翠叶飘落
封住了欲语的嘴唇

跟着来的是田埂上的微霜
履霜坚冰至　似乎雷打不动
但你眼里的秋水　仍然澄澈
经受四季轮回的折磨仍如幻如梦

从笔迹纵横零乱的草稿突围
眼前出现一行清晰的算式
最后的温暖把霜融化
有心人听到在山那边蹀躞的春

树叶裙

是一贫如洗
还是高贵富有

一袭树叶裙
华光灿烂

一袭树叶裙
给我带来了山野的气息

梦寐以求返回大自然
梦寐以求卸下一切庄严

把树叶穿在身上
一点也不寒碜

我是大自然的孩子

今天　我回归家园

我以平视的眼光
看待路上遇到的一只獾

海狸的建议让我着迷
多动听　画眉鸟的歌唱

我是人有什么了不起
我曾经捣毁野蜂的家

我还打死过蛇踩死过蚂蚁
我不知道为什么这么厌恶

现在　我感到羞惭
我愿意向它们道歉

我穿着树叶裙
它们一定会把我接纳

我走过　它们不再
惊慌逃窜

当我站在海滨
海鸥一只只落到我肩上

我表面上平静如水
实际上心花怒放

身上的树叶也发出
哗啦啦欢快声响……

悼一条河流

跟随一条枯竭的河流而来的
是什么　是荒凉

跟随一条流尽了生命的河流的
是土地的暴乱

竟然枯去　就像一棵倒地的巨树
它绿色的高大身影消逝溶进天空

一棵倒地的巨树　连根须
都已被斩断　都暴露出地面

谁能想象　仅仅在昨天
它的胸脯上还行驶过风帆

还有那么多水鸟飞来

白色黑色的翅膀遮满天

那时候　河流两岸的村庄
多么安详

那时候　人们胸膛里
还流露出歌唱

似乎就在一夜之间
大地收去了所有灵光

似乎就在一夜之间
变成哭尽了泪水的眼眶

望穿秋水的还有
多少干裂的心田

啊　归来吧　河流
春水浩荡　灵魂丰满

恢复生机的巨树上重生
亿万枝叶　重重叠叠

荫蔽世世代代的家园
瓜果飘香……

冰上

一个一个音符跳跃
激活一群雕塑
一颗一颗流星
迅速划过天幕

临水照影的大丽花
恣意摇曳花萼
长裙飘飘露出红底
火烈鸟占领一片滩涂

瞬间拉直连成一道
点缀群星的绿岸
接着小舟一只一只竞发
地平线矗立起一丛丛高树

只有其中一只天鹅

在鸣唤　众鸟若有所思
惊讶中翅羽齐举
不离不弃因为脚下热土

一轮明月上升　似乎是
那样多树木一齐捧出
纵横的枝杈交错成空中之网
那月不是漏网之鱼

同应一个旋律
齐刷刷的一致
在那缓板的中间回味
个个如企鹅蹒跚脚步

而一旦解放就穿插
如梳如梭　经纬不乱
看不见的丝线织出
一幅斑斓的巨图

最后化为雁阵消逝
在远空　湖面升起丝丝云絮
总让人去寻刚刚消失的
旋舞中一个个灵动的音符……

鹤

你之所以被叫作鹤
是因为舍弃了许多
你以嶙峋的细腿
踩着乱石激流　很容易涉渡

你也很容易起飞
因为不受羁绊
且飞翔的姿势
独特

以伸得那么长的颈子
听从某种召唤
在芦苇丛中筑居
不愿与家禽们一起搅和

你的眼里根本就没有贪欲

眼神是那么清澈
清风梳理你纷乱的毛羽
流水映照你清丽的身影

你飞行在世俗和仙界的边缘
一啄一饮都保持清醒的警觉
所以当这个世界灾祸将至
只有你能看得清楚

从云天外传来
一声鹤唳　何其凄切
叫天下多少人美梦破碎
心头泣血……

一只小布谷鸟

一只小布谷鸟
飞过了山谷　飞出了丛林
钻出枝叶　闪动着眼睛

一只小布谷鸟
在闪亮的星星下长鸣
清澈地一递一声

那声音比它飞得快
以致使人感觉到
那声音就是它的灵魂

它的声音落下来了
是夜色中一丝光明
是落下土地里的谷种

小布谷鸟在天上
东张西望把它的道路找寻
却给人指出季节的行程

小布谷叫的时候
我们也潜伏进小树林
我们在模仿一场战争

漆黑的夜幕里东奔西逃
我们分不清敌友
于是不约而同用布谷鸟的叫声

呼应　集合起来的同志
向山岗上进军
而那布谷鸟仿佛也如影随形

但是　那个叫得最像的孩子
一年后就去了另一个世界
从此杳无音讯

当布谷鸟啼叫的时刻
我们知道他回归了
一只小布谷鸟正笨拙地掠过了田塍——

第二辑

你是世界的回声

你是世界的回声
是某个遥远的部落
投放到现代的一个人

正如我们今夜看到的星光
它所来自的星体
可能早已消遁

它只能是远古投放到
现代的回声　你的部族早已消失
你的身上却打满它的烙印

继承了语言　习惯　弱点
你却不知先祖在尧舜禹时代
如何捕猎耕作恋爱组织家庭

你的家族怎样躲过
那么多战火　纷争　九死一生
才会有一脉相传到如今

当然你不知道更早
源头是一头猿抑或一只蛹
它们在你的基因里会有怎样的投影

你只是世界的回声
整个一部世界史形塑了你
决定你有今天的肤色与思维

曾经有多少条血液的河流
秘密交织　一直在奔涌
默默地传递温情与使命

你的身上刻有自然的纹饰
就像一滴水珠
反射着太阳　在每个清晨

这一声长长的回声还将
扩展　穿过幽长的峡谷
直至抵达人类的彼岸

——与世界同归于尽
但现在它正饱满晶莹
把整个世界含在心中……

最好的理解：星星

最好的理解　星星
就是人死后　身体从地上
消失　而灵魂升入天空

那么　它看起来已冰凉
其实它的思想开始
放射光芒　内心沸腾

它看着人世　刚离别的人世
挥去滚滚红尘
看似冷漠　却有深情

它在想　如果有来世
它将在凡间赢得怎样俊朗的
容貌　生机勃勃的青春

它将不停地行走　不停地
观看　不停地爱
去创造完全属于自己的人生

甚至铺展那一望无际的鲜花草地
舞动雨雾后那一弯迷人的彩虹
——决不会内心跃跃欲试而身体一动不动

雨

有一滴雨把我诞生
有一滴雨令我死亡

有一滴雨含着天空
有一滴雨藏着深渊

有一滴雨封住我的嘴唇
有一滴雨让蒙面人开口说话

有一滴雨给哑巴带来梦境
有一滴雨使星星发芽

有一滴雨打开一条道路
有一滴雨长出一棵树

有一滴雨移动群山

有一滴雨水滴石穿

有一滴雨让石头变成雨
有一滴雨让石头开出花

有一滴雨点亮黎明
有一滴雨收拢夜晚

有一滴雨翻手为云
有一滴雨覆手波澜

有一滴雨顿首跌足
有一滴雨生出翅膀

有一滴雨升华为霓
有一滴雨把整个大地吞下

一滴一滴雨接连而来
岁月在穿山越岭的隧道里
轰然鸣响……

白　鹤

我真的想不透
这一片死气沉沉的大地
为什么会飞出活物

不过是些森林　草丛
岩石　河流　都匍匐于地
只有你飞向天空

你的白刷亮了世界
你的脚虽缓缓下垂
喙却始终向上弯曲

是飞自地底的一群精灵
你们徘徊在空中
奏出了神秘的韵律

你们飞来的时候
我经历了一次创世纪
是你们推开了天地之门

排云直上　那么多阳光倾泻下来
还有你们的鸣唱
在我心头洒下一片光辉

我忽然感觉身体在变轻
天空在一点点抬高
我的视线一点点上升

我在白天看见了那么多明亮的星
白鹤啊你点石成金　世界像你一样
灵动起来　不再死气沉沉！

落　日

江河日下……　这是幻觉
还是真相　每一缕水浪
都像在倒淌　仿佛要
退到天幕上　化作暗云斑斑

仿佛一去不返　这轮夕阳
曾经有太多的辉煌　曾经
那么不可一世　让人不能直视
如今虽平静　却力弱气孱

那真是万牛莫挽　下坠再下坠
虽然充满太多的眷恋与不舍
它想爱　却再也爱不起来
它无法再给万物注入温暖

鸟儿最为敏感　它们

从沉默中走出　叽叽喳喳
梢头早已筑好了巢窠　绕树三匝
只因这么早趴窝实不情愿

那些弱小的野兽显得惊慌
失措　土拨鼠在土堆上乱窜
它们的体温似在下降
这多令人感到恐惧　紧张

而一株株树倒学会了沉静
树叶也不再喧哗
它们一动不动笔直地站立
在自敛中检讨并沉思默想

大路上那么多脚步匆忙
它们要赶在黑夜降临前
赶回“家”　安顿好身体
让一盏灯临时替代阳光

阴影在地上大面积地掠飞
潮水漫溢四围空间
那轮夕阳落入山口
被谁吞入腹部

万籁俱寂　所有的眼睛
和心灵都开始习惯黑暗
所有的脉管跳动加快
因为大家都有一个悬念

明天还会不会有另一个太阳
像小鸟从窠巢里飞出
把新生的光芒倾洒在这宇宙
仿佛它那美丽的歌唱……

太阳照着丘垅

太阳照着大地万物
也照着丘垅
丘垅上什么也没有
只有几座坟冢

万物都在生长　百鸟喧鸣
只有地上的坟冢纹丝不动
那里面也有曾经活跃的生命
眉开眼笑　现在却被泥土闭拢

阳光那么热烈
每一缕都色如黄金
那丘垅下的草都晒出清香味儿
唯有这坟冢阴森沉静

为什么这么不同

两个世界截然划分
为什么没有过渡地带
偶尔还可以传递书信

那些纤手酥胸哪里去了
那些莺声笑语消失于哪一阵风
这么热情的阳光唤醒了百花
躲在这里的生命再也跨不出墓门

不能到田野散步踏青
歌唱　放风筝　人约黄昏后
再也不能躲进一片绿荫
彼此敞开心胸　难舍难分

一切都如云烟逝去
只留一座黄土堆凸向碧空
太阳再热烈也打不开墓室
生命归于埃尘　张扬又有何用

太阳笑嘻嘻地从不争辩
只是一如既往　光芒似箭
我是一只光轮　旋转
一刻也不停　辞旧迎新

大海落叶

多么美妙　多么优美
一片叶子飘向大海

大陆的气息钟于一身
落叶上还有露的滋润霞的光彩

飘向大海
整个大陆送给海的信息与爱

在无尽的大陆深处
大海的涛声依旧澎湃

一片叶子飘向大海
是风之力是爱之力
是爱乘着风是风乘着爱

还有那无尽的烟水气呢
也有那抬酸了头的悬崖影子

一片叶子飘向大海
它是被剔除者它是遁逃者
还是不得不听从命运的安排

就这么飘飘而下
从天宇从大地上空
从传说与现实的交接地带

仿佛大地已无力收养这枚叶子
季节已无力挽留这枚叶子

或它负着一种使命
飘向一个博大的胸怀

它轻轻地落下
透明的海水像空气一样浸没它

不会有任何损害
彼此都容受着接触的
违和　刷痛抑或刺痒

它们容受着对方
就像大海与天空怀着相同的情怀

做彼此的镜像
做沧桑之间的一个信使纽带

大海始终在大陆的低处
始终处于承受的等待

但它是否也曾发出招引
是否也以宽阔而起伏的胸脯招徕

这些都不重要——
一片叶子落向大海

一片陆地向大海倾伏着身子
一片陆地向大海发出信号

在海水里划过在海水里浸没
仿佛一座山脉——

在海平面显现一种风帆的姿态
呼应着地平线——
把辽阔与苍茫串联起来……

大地号远航

黎明　大地号在启航
它一头驶入蓝天　抑或汪洋
——或许蓝天就是汪洋
惊动无数鸟儿扑翅飞翔
带出的风拂动绿树森林
像海草一样飘扬——

大地号啊　一直冲波逆浪
稳稳当当地续航
那个隐秘的船长
甚至没有出现
有些夜晚月亮现身在后甲板
它却准确地躲过了几座冰山

一往无前　太阳每天来头顶巡视
水手长是否会攀上桅杆眺望

据说　躲在云中的最高桅杆
是珠穆朗玛　那里搁过诺亚方舟
不到最后一刻我们
不会弃船而放下舢板

此刻　大地号匀速前进
甚至没有一丝抖颤
其实　夜里它也在续航
有个诗人说他看见星星
到甲板上跳舞　但确实
从舷窗望过去　它们伸手可揽

这样的航行令人愉快
也足以让人放心　只要
没有人在前头航线上布设鱼雷
或者螺旋桨上安下深水炸弹
它甚至像一只宇宙飞船
在深蓝或黝黑的银河里飞行
——永不搁浅！

大地孤岛

海水环抱着我们
海水分割着我们
海水阻隔着我们

地球的表面七分之六都是海
大地孤岛在海水中漂浮
一片一片莲叶

阻隔是为了更好地联通
分割是为了更好地连接
为此人们发明了帆船
像鸟儿一样飞出禁苑

水　水　都是水
必须是水
才有可能从水中诞生生命

岛　必须是岛
我们才有不一样的眼眸和肤色
不同的语言
不同的眼眸和肤色
才有彩虹一样斑斓的人类
不同的语言　我们才去建通天塔

如果只有一种颜色
世界就岌岌可危　悬于一线

水　水　都是水
水天一色　天空才这么澄澈
所有的水都可能变成彩虹
把此岸和彼岸跨越

大地孤岛被海水包围
有谁知道——
这就是大地生生不息的奥秘……

一粒盐

一粒盐
裹紧了一朵蓝色的火焰

一粒盐
裹紧了一个晶莹的大海

一粒盐
早就忘记了波涛的哭泣

追踪人类的足迹
从大海来到了陆地

一粒盐
经历了难忘的旅程

一粒盐

改变了人的血液与视觉

一粒盐
在菜肴中消失
就像海水蒸发成空气
然后下雨
下到人的胃里
又变成一滴滴汗珠
渗出人的皮肤

一粒盐
在平凡的房舍里
那粗糙的木桌上闪光
像瑞雪在召唤岁月

一粒盐
将生命照亮
给孱弱者多少力量
让他们奔跑加速
搏击生风

一粒盐
在马的眼睛里

该击出怎样的泉水
在古老的神经丛里
拨动琴弦

一粒盐
熬过长长的白日
进入夜晚
进入盐色的月光

一粒盐
在等待林中的喧响
悄悄的脚步竟然
涌现那么多鹿和山羊
它们跑到盐碱地　岩石
伸着舌头来舔
地上的月色
朦胧的蓝辉

一粒盐
给每一个早晨带来原野
炊烟和田园
道路和远方

一粒盐
贯穿了史册
把一阵阵炮火与弓箭声
留在文字的背面
为了让盐通过
断壁悬崖
多少生命像风雨中的花儿
凋谢

一粒盐
走出浮肿的阴影
走向腐烂的反面

一粒盐
在无言地歌唱
宇宙一样广阔的歌声
在周天回旋
并从天而降
濡湿每一个人的视线
润泽我们的歌喉
点燃每一根毛细血管

镜　子

一刹那间
你把狭隘的空间打开
一刹那间
你复制了另一个空间
简直要我们相信
与另外一个世界彼此对应

你是无尽的诱惑啊
又是无限的深渊
你把人与物拽到眼前
但怎样才能进入你的境界
而不会让我额头和脸颊
——挂彩

我终于只是在外面徘徊
而当我出现在里面

我反而感到奇怪
我被两个世界撕掳
我只得往回走
却又像退回到你的跟前

多么奇怪的物件
似乎已经把界限消解
我与另一个我却始终不能重合
我只得把它朝向高远
一片蓝天白云被我擒在手里
我要不要喊：天门为我而开……

风雨欲来

谁有最初的感应
盐罐里的盐在变潮
月亮的面孔长了毛

即将脱落的树叶仍在枝头
一动不动
蟋蟀急切地在鸣
蛇屏息游走
蚂蚁将食物搬运

老年人筋骨开始发酸
受过伤的人伤口疼痛如潮
而海燕都飞向空中
海浪围绕礁岛回旋汹涌

大树仍走向高处

他们的腰肢或许能抗十级台风
江河在大地上也想一抻再抻
因为它知道迎接的是
条条狂龙

只有敏锐的将军脸色深沉
只有旗子不耐烦地拍打旗杆
凭栏远眺的母亲目光变幻不定
只有诗人笔下的波澜：一片宁静

世界末日那一天

所有的溪水　江河　流着　流着
忽然停顿　并渐渐萎缩

鸟儿像炸了锅　都从巢穴和枝头
鸣叫着惊惶飞去　飞向云天
却忽然发现无枝可栖

大地上出现　深深的裂缝
许多见过和没见过的动物　一片惊恐
爬虫滚滚跌跌爬出来
所有的兽　销声匿迹
却纷纷投下悬崖

大陆上一条条蛇立起
仿佛乞求人把它带回伊甸
天空也似乎出现裂隙

那里　随时都可能有炽热的岩浆火焰纷纷乱坠

人呢　人早已都有气无力
肉身如此沉重　被地心引力拽住
只得趴在门槛上眼望天空
最后是山呼海啸一阵一阵凶猛

海先站起来　一道道水墙
无可阻挡地推向一座座城
这时诗人和巫师的后裔
不约而同地想起诺亚
眼眸里浮现珠穆朗玛峰顶
修道院里修士做完最后的忏悔
然后用一口巨钟覆罩全身……

野月亮

它的野性
是在于不肯变成太阳
为万众欢呼景仰?

它的野性
是只用乳白色的光雕刻山川
抚慰人梦中的不安?

它的野性
乃在于它不离不弃
为地球陪伴?

为地球承受了那么多陨石
用力留住地球上的海水
稳定地球的自转

就像地球的门窗
人们通过它向宇宙遥望
飞向外空也从它出发

野月亮甘愿做这一切
牺牲　至于为什么
只能从一轮圆镜变成一弯弓弦
又从一弯弓弦变成圆镜的表情里
——揣摸和窥探

这是一幅野性而美丽的图画
太阳——地球——月亮
她们互相追赶　翩翩飞翔

水妖的传说

哪一个水妖不是一个悲剧
哪一个水妖前世不是美女

她要么是个多情的人
却一夜间被心爱的男子抛弃

要么是国破家亡而流落闹市
成为人人可欺的歌儿舞女

甚至被拐卖　栖身花街柳巷
然后被迫嫁给恶汉饱经酸楚

于是她们决定以死捍卫自尊
毅然赴水　几经挣扎而沉没

于是她们常常在夜间出来歌唱

那种幽幽的音调凄寒入骨

她们常常会在水中独舞
把水珠撩上自己洁白的胸脯

她们甚至以自己的媚笑
引诱男人走向泥淖深处

无尽的哀怨缠得她们喘不过气
总要一会儿笑　一会儿哭

只当渴望而又畏惧的黎明
她们才恋恋不舍地逝去

化为水上的花水边的柳絮
在陌上仕女裙裾后面追逐

昙　花

一定要在深夜里
在墨一般黑的深夜
在海一样宽的深夜
你才一点一点地开放

你是一个坚韧的泳者
你泳过这无边的夜
带着你的白　宣告
你抵达彼岸

一点一点地打开内心
尽显你的勇敢
在血似的红叶与茎上
擎出皎洁的一团

你这深水泳者

你潜得这么深
你在深深的海底
采撷一束洁白的火焰

千言万语　万千情愫
冲出黑暗的淤泥绽放
短短的花期仿佛只嫣然一笑
在今天的尽头迎接明天

为明天的阳光作预告
仿佛是黎明的先行者
你把自己的使命看得很清
短短的几小时唤来白昼

然后宣告凋谢
坦然谢幕　嗒然枯萎
不　这实际上也是凯旋
而且正是在子夜！

雪　灯

每一片雪都带着光影
每一片雪都是灯

它们轻轻地飞来
映亮溪水　草地　坡岭

每一片雪都是小小的灯
都有光照亮我的眼睛

夜的统治变得千疮百孔
再也不能完整

它们　它们成群结队赶来
挑灯来看劫后的大地母亲

大地气息微微

一任雪花扑到怀里

一盏一盏的灯
照亮土层里已冬眠或不眠的生命

沉沉的黑夜　变薄
亮熠熠　到处透现光明

大地决不再睡去
更不敢变得僵硬

它要尽快地醒来
回报雪以春

漫山遍野的花朵
都闪耀五彩的翅膀

它们像雪一样
飞过劫后的田野和天空

第三辑

洗砚池边树

洗砚池边树
每一片叶子都墨绿　墨绿

洗砚池边树
每一片叶子都湿润
　如眼眸闪亮

风吹着　叶动着
像是翕动薄薄的嘴唇
　要说话

它会说土地为什么习惯沉默吗
它会说　这池水里
会有多少文字沉淀
沉淀了文字的池水浇灌田地
明年会结出什么样的果实

洗砚池边树
都有点瘦骨嶙峋
只有叶子茂密
一片片都学会了沉思

土地默默地延展
洗砚池边树
在向远处鹄望

夜晚　洗砚池边树
把影子在夜色里深嵌
一枚弯弯的月亮靠上去
像一支墨子磨出了墨汁
却是乳白色
　汩汩流淌——

洗砚池边树被秋风一吹
叶子变成漫天
　狂草的诗章……

很久以来第一次读诗

窗外长久以来一直在刮的风声
好像被压抑了一下或者有了一次间歇
虽然仍是浪涛与浪涛间的平静
我忽然期待那里出现一只船

厨房空间似乎不再那么逼仄
盘中的西红柿燃烧出火焰
我的耳畔出现了山泉叮咚
舀进碗的水透明得如同消失不见

冬天过去了　一切都在翻开新的篇页
卧室里的那株树仍保持绿色
凌晨　枝丫也无端地动了一下
原来最底下的枝端竟冒出一枚新叶

我的心里也似乎长出了什么

而原来的地方　又有什么融化
我追着一行文字穿过草丛
又一行　就像风筝把我带过山峦

久违了呀　解冻的河水
久违了啊　瀑布漫过的梯田
我沿着一条小径随风而下
手里的一把钥匙　即将打开一个花园

无论是劈头盖脸的冰雹打到头上
还是彩云升起在一条溪水的尽头
我竟然获得芝麻开门之类的暗号
走向迟疑的趔趄而来的春天

一首刚刚完成的诗

静默！静默地躺着
像一束射到地板上的月光

不！是晨光穿过树林
推开了一堵山崖

静默！却在轻轻地呼吸
就像一束悄悄来临的海浪

甚至像从天鹅身上落下的羽毛
有着天空一样的安详

但千万不要拾起来
它也有天空一般的重量

不！它是从田野脱颖而出的麦穗

上面还萦绕淡淡的清香

我还没说它是闪电
如果是　它才刚刚在云端醒转

它会游向远处吧
这一泓睁开眼来走过草地的清泉

它无声无息像一支宝剑
仍然抿着锋利的唇线

不要让它开口说话
宁可让它落入水中

化为一匹彩练——

携一本书进卧室

我总在书橱前踌躇
我拿不定主意
携一本什么样的书进卧室
——同眠

我不知道今晚到底需要它
像一束海浪还是一束山花
是像一只小毛驴伴着我跫音叩响
还是像一匹骏马　风一样穿越地平线

我真不知道把我整整一天
交给哪一句话
在哪句话里安眠
是鸟儿眠于露水
还是风儿眠于闪电

难道还想劈面来一道雷霆
然后一起跌入黑梦沉沉
抑或进入一道裂缝似的隧道
让我手足并用地爬行

以鲜花和琴声结束一天吧
以月白风清开始一段停顿
让小舟容与缓缓的波纹
让青草如茵漫过荒凉的山岭

千万不要用帝王选妃玷污它
也不要什么羚羊挂角的艳遇
静静地沉落海底　一颗明珠
醒过来就是　海面上
金光灿灿的日出——

一个诗人在银行

诗人是那么贫寒
衣兜里只有几个铜币叮当

有一天走到街上
路过金碧辉煌的银行

他忽然迈腿走进去叫喊
“老板　我要存进我的诗章”

没有一个人理睬
银行回答他以验钞机的声响

那验钞机奔腾正欢
那么多纸币在上面怒放如花

这一次诗人并没有反感

他意识到钱币的河流奔向四面八方

甚至深入世界的每一个毛细血管
一个健康的巨人站起来　满面红光

在他的背后还有林立的玻璃墙
楼宇　还有一条条街道和飞机场

由此诗人感受到生活的脉搏
感受到世界的心跳

他的额上沁出欢喜的热汗
不过　他还是走到经理人面前：

“总有一天　诗章要如钱币一样流通
那么这个世界将更强大

我要开一所诗歌银行
让每一个公民都从这里
　获得想要的力量！”

经理回答：“诗人！
在饥饿没有把你带走之前
　你尽可以无尽地遐想！”

我的藏书

这么多图册　跟随我
数十年　转眼它们
跟我一样　风尘仆仆
满面沧桑　从乡间到城市
从城市的一隅到另一隅
辗转又辗转
曾委屈地栖身于角落
也曾进入堂皇的学府
它们始终默默又默默
虽然它们有千言万语

它们就由语言组成
万物有初　欢乐还是苦楚
乐观还是愤怒
幼稚还是成熟
都定格在开口或下笔的一刻

不过是表达一己之见
任何文字都是画图
它们跟我一样
用一堆废话
表示对这个世界的执着

我曾带着它们跨过时间之轴
像宝贝一样生怕蒙尘
彼此像故友　主仆甚至
手足　如今失去水分似的
它们像一堆落叶
唤起不了我的兴趣
我感觉陌生日甚一日
彼此可有可无
生活才是一本大书
常读常新　而这么多藏书
越来越与我格格不入！

你的微笑

多么好　一泓泉水轻轻地漾开
多么好　一只鸟扇动着翅膀
多么好　一朵花悄悄地绽开花瓣

其实你整个人就是一枝鲜花
浑身上下都纯净芬芳
笑意与芬芳在翱翔

天空于是高远——
即便这个世界要执意消失
也会留恋地回过头来

停止滑向毁灭的深渊
而从幽暗中自然地呈现自己
展开一幅一幅图画

鸟儿情人

我的情人是一只鸟儿
她自天而降
带来一阵微风
在我胸膛上
掀起巨浪

它的眼睛
如此纯净明亮
放大　像天空一样蔚蓝
深远

它来自远古的部落
自尚未有人类的洪荒
所以它的语言
有些怪异
就像唱歌　婉转

它发出一声欢鸣
多么湿润　像晨光
它打开了一扇又一扇门
通往另一个世界的风景
在它目光的河流里
甚至有大禹　有穆王
有西王母和她的八匹骏马

一只鸟儿自天而降
它是我的情人
我们赴一场天地间的约会
在那里风雨就像阳光
穿过弱水三千
彼此看见了对方
认定了对方

总有一天
我也会变成一只鸟儿
飞离世界末日的地球
飞离一切灾难

爱人与井

我伏下去　把脸映入
你胸脯的波涛

我亲着你　双手搭在
你的肩膀
却忽然感到像是搭在
一副井架

那轻轻的辘轳
在你的体内旋转——
一定是忐忑不安：
过了今天
我会不会爱他

爱不爱都不要紧
一吻就可以销魂

从低垂的眼里看到了蓝天

还听到泉水在你心里

叮咚　叮咚……

赤　裸

只有你才会赤裸着
来到我的面前
就像一束光
（什么样的光都不穿衣）
也像一颗晨露
（纯净到不含一点杂质）

只有你才会赤裸着
来到我的面前
世界真实得令人眩目
一朵云彩　轻移
（却不分内外层次）
一条清晰穿越天上的云霓

只有你才会赤裸着

来到我的面前
你带来雨水和草木的清芬
你带来果实和鸟语
未曾包装的一切
就像春天来临让万物躁动

你　完全是你
也只能是你
——你是晶莹的泪水
——你是天上的星芒
——你是亲吻的嘴唇　哺乳的胸
——你是用母语新写出的诗句！

我怀念每一次聚会

天下没有不散的筵席
所有的筵席似乎都为了回味
那欢乐的时刻

那些熟稔或初见的友人
他们不知从何而来
又向何处而去

他们留给我的
只是亲切的笑容与话语
还有那目光如碰杯

如今　他们星散四方
仿佛尘归尘　土归土
领受各自的阳光与风雨

有的仅见过这一次
记忆的相册一次次打开
那聚会便仍在继续

那空阔或狭窄的大厅
那座席的格局　那些手势
那灯红酒绿

可惜都已不在
甚至连那座酒楼
都已随风而去……

城门口

那一年送别来到城门口
一条青石板路都已酩酊
歪歪扭扭　街两边灯红酒绿

那一年送别　天低云暗
漫天飞雪　似要把人吞没
只有两个少年在雪幕中踯躅

一句句叮咛　一次次鼓励
那个少年终于掉头而去
呼唤他的是一棵南国的树

在高大城墙下　泪水让我双睛
模糊　大朵大朵的雪花交织
把他小小的身影织入一匹布

我至今在等待南国的消息
那也许是一朵猩红的花
也许是一枚内藏水晶与火焰的
石榴……

流动的书房

天堂并不是图书馆
天堂只能是书房
图书馆——多么空泛
书房——让我想到家园

但我要的是一间
流动的书房　早晨
它安在一条河流的岸边
明亮的河水顿时大涨

中午　应该在一棵树下
每一片叶子都有清香
夜晚则是长满石头的山腰
每一块石头都开始熠熠闪光

跟随我的永远是
亲切的面庞——太阳
伴我入眠的是低沉的耳语
歌谣萦纡着摇篮

无论是在巴黎隐秘的一角
还是在大西洋上
浪花簇拥的小岛
时光在翻着书页　书页在翻着时光

烂柯山上斧柄早已朽烂
天地间那盘大棋
还在下　我在书房偷睭
从云端伸过来的一枝桃花……

地球与月亮携手

在浩瀚的宇宙间
有地球在穿行

这颗蓝色的星球
那一点蓝昭示着生命

悠悠地穿行于无垠
映亮漠漠云空

其实是围绕着一颗恒星
把周天逡巡

自转着向前
把一幅五色斑斓风景上映

四季分明　循环无穷

万花纷谢　绿叶萌生

无休无止　玄妙的生机
贯注一切　缘于一场运动

亘古未易　仿佛一意孤行
然而令人感动的一幕出现——

有一颗卫星与它同行
仿佛无声无息　却又息息相通

看不见的手紧紧相携
穿越所有距离　所有风云……

遥望敬亭山

李白一定还在那山上
那么一道绿色的山岗
围护着他　葱茏的绿意
奔涌在天边的波浪

李白一定还在那山上
他独自在山道上　上下盘桓
一千年　不说咄咄怪事
只喜欢听听跫音噔嗒

那山上的亭子还在么
像一枚桩子　像一根桅杆
勒住时间的奔马
挽住漂泊的船

那李白在亭中独自品茗

或下棋　不要打扰他
他的对手就是自己
众鸟都已飞向热闹的地方

好在有敬亭山留下来了
陪伴在侧　千年仿佛只有一天
于是李白终于决定不走了
他也卧成了一道山岗

无限的绿意汹涌着波浪
两座山在对视里始终生意盎然
不信你撂一颗石子过去
瞬间就变成白鹭拍翅飞向蓝天……

一个女诗人的墓

在这异国　在这天涯一角
卧着你孤零零的一座坟墓
即使魂灵想听到叹息和安慰
也没有一句是母语

在这颗孤零零的橡树下
你一颗活蹦乱跳的心化为尘土
你的眼光会不会穿透地面
凝视墓侧的野花成簇

青春也曾这般绽放在另一座岛上
那是一座三人世界的天堂
那个神圣的王子才华横溢
把荒岛变成原始的宫殿

美丽的胴体如奔跑的野鹿

树叶的影子斑马纹般烙印于光洁肌肤
似乎不染埃尘　仙侣眼里只有彼此
纯净的海浪卷来卷去

但是　还是有人要回到人间烟火
于是争吵　挣扎　怨怒
最后用斧头留住那个幻影
一颗大大的水泡破了　血泪如注

如雷轰顶　即便高飞远飏
昨日阴影追随你注定走不出地府
因为你见他总在回头　你便
注定要化成一尊石柱

现在　你卧在海角
倒是像另一个才女
卧在另外一个海湾
听海浪喃喃自语

只盼望那个秃头卷发的老人来祭扫
拖着一双伤腿在墓门前踯躅
伸手到墓顶接到的雪
莹然在掌上化为细珠……

一位诗人死于鱼雷

你生下来就注定是一位诗人
你在等待一行诗——用一生

你用一声平凡的啼哭宣布降生
那是在扎布拉切小山村

诗歌点亮了你　让你不安于
教书生活　你移居贝尔格莱德

在那里　你夜夜流连在
斯科达利亚大街　烂醉如泥

寻欢作乐　打架斗殴
诗句是偶尔光临的访客

在梦里似乎看到死神的面孔

于是决心痛改前非

摇身一变　跑进海关大楼
成功地穿上制服

可是你的心并没有制服可穿
它总是溜出来　恶作剧

甚至混迹于文学期刊编辑部
在那里碰见似曾相识的诗句

要新的！要独特的一行
断断续续　用不眠之夜哺育

你一生都在等待属于你的那行诗
千呼万唤始见端倪——

它终于来了　驾着一只鱼雷驶进你的航线
你们终于相遇——生命的终曲！

父亲的脊背

曾经是那么宽阔
像一扇门板　甚至一只船
我在他背上张起一叶帆
可以抵达任何海岸

也曾是一只摇篮
那么温厚　轻轻摇晃
我可以从里面汲取温暖
包括文字　故事和力量

它还在摇晃下去
没想到越晃越小
最后　变成窄窄的一片树叶
时刻都有可能掉到地上

终于消失不见了

只有我行走在人间
我曾发疯般地把它寻找
哪怕它再小也是人世的莲花

总是失望　我才知道
这副脊背　正在我的背上
我在人海载沉载浮
努力让它承载更多的希望

云中的拖拉机

山村里　第一次见到的现代机械
拖拉机　它从云天上下来

它像一只大鹏鸟　伸着头
动着足　插上了一双修长的翅膀

它从天而降　收拢着翅膀
一边仍不忘突突地歌唱

云中的拖拉机啊　它从天而降
载着满天星　载着日月的光华

它从高高的山岭上盘旋而下
从我的村庄驰往海洋般的平原

它载来漫天的云霞　漫天的遐想

也旋动着群山的绿色波浪

它层层下降　盘绕着大地
旋动五彩缤纷的梯田

云中的拖拉机啊　你是什么怪物
在只有木板车和鸡公车的村庄

你奔行的速度　你牵引的力度
多么让人咋舌

我小小的胸襟是处女地
你冲过来　犁开了层层波浪

小小的拖拉机啊　你改变了
村庄的视界　也改变了我的视线

从此　我的心里也有了一个远方
有了一个神秘的召唤

云中的拖拉机　冲破云雾
从天而降　你激出的满天云彩

才真正开启了古老的村庄
和懵懂的我　一个崭新的时代！

山那边有条小径

山那边有条小径
通往泉水的村庄

泉水里曾经降落星辰
村庄里曾有仙人临凡

仙人一指山中的树
一树一树结出果实与花

泉水和黎明一起返回
倒映一个又一个姑娘的面庞

山那边的小径啊
打柴人把通往银河的篝火点亮

我于此生或是往世曾在此逗留

汗珠一颗颗滴落打谷场

打谷场边盛开一朵朵雏菊
大岩石旁盛开一朵朵茅草房

歌声曾经萦绕小小的摇篮
连毛眼野兔都跑过来张望

如今山那边的小径
已远隔万水千山

我还会不会找到送我出山
闯荡的大叔　他曾打着灯笼火把

从渴望离开到渴望归来
世界上的道路千条万条
通往家乡的那条最短也最漫长……

第四辑

世界公园

如果是真的多好
我一天可以逛遍世界

我可以这会儿在尼罗河边
观瞻金字塔顶落日辉煌
下一刻来到伦敦塔下
听一曲英格兰风笛

刚离开哥本哈根海滩上
美人鱼塑像　又穿行于
罗马尼亚古老的石头巷
接着来到黄河上等待一只渡船

随后　我还要攀登一次
珠穆朗玛　或到坦噶尼喀湖畔
最好先去尼加拉瓜　赶上

那条彩虹把眉宇照亮

如果不着急　我还会登一次
空中花园　罗马似乎正适合眺望
西西里岛上银网闪闪
爱琴海波涛间穿过一叶红帆

我一天之内把世界逛遍　始信
民族与民族之间不过隔着一道篱笆
语言虽不同　表情不用翻译
邻居相逢　每个人都笑靥如花

我真不能理解　篱笆下
为什么还会有长长的阴影
阴影里埋着核弹　多么好——
假如篱笆上不是布满蒺藜而是鲜花

有什么分歧不能坐下来倾谈
我们都住在这个花园村落
谁忍心带着炸弹而不是花做客邻家
让整个村庄毁于一旦……

走出森林

我们头顶的天空顿时明亮——

四周空阔多了
但毫无疑问　也失去了最初的家园

我们在土地上流浪
再不能把家安在树上
一棵树再也不能荫庇我们的睡眠

野兽自然也稀少多了
腰间围的兽皮已自溃烂

早已直立行走的我们
忽然感到　手臂可以自由伸展
像怒放的树枝伸向空中
恣意采撷阳光

我们虽然仍拿着弓箭
但更多地用起石刀　石铲
我们把坚果的硬壳砸开
把种子一次次播下
泥土在我们手上开花
变成了陶罐

继续往前　走向平原
走向无尽的地平线
我们终于相信
我们居住的星球是个圆
我们从一个点出发走向四面八方
相聚于任何地方
还能回到原点

但与野兽共处的记忆
在我们的基因与血液里深刻

只要我们没有放下弓箭
森林的影子就会仍远远地跟在
我们后面——

红舞鞋

红舞鞋　红舞鞋
那么多红舞鞋
一穿上就不能脱下
每个人都有一双

每个人都有一双
一穿上就跳个不止
就像一只陀螺
不停地旋转

陀螺是因为有鞭子在抽它
红舞鞋是因为内心的欲望
它在转　它在舞
一个个转得天昏地暗

舞破霓裳羽衣曲

舞破中原　舞到海角天涯
舞到崖山　舞到跳海
大海有本事　平风静浪

红舞鞋　美丽的红舞鞋
我也有一双
我穿上它跳个不停
赢得阵阵掌声

得陇望蜀　锦上添花
谁不是　谁不想
那么就穿上红舞鞋吧
“我还想再活五百年！”[①]

① 电视剧《康熙大帝》主题曲中的一句歌词。

石头　剪刀　布

许多许多真理
都在孩子的游戏里
比如石头　剪刀　布
就有无穷的奥秘

最先登场的是石头
因为它可以把一切砸碎
结果呢　它碰到了一匹布
“温柔地”把它包起

可是呢　别忘了
还有剪刀　已向它张开利齿
咔嚓——什么不能迎刃而解
甚至不留一丝余地

当然也别得意

那石头还在　伺机
等待着剪子　把它还原为一块铁
由嗞嗞叫变为无声无息

故事就这么展开
也就这么回旋
环环相扣的表演
循环往复而不分离

多玩几回这样的游戏
你也会变得聪明一些
世事不过如此
你又何必沾沾自喜

谁都可以驰骋一回
谁都可能遭遇失利
谁又能永远为王或为奴隶
怎么能一意孤行　忘乎所以！

泥　土

多么幸运　我们这个星球表面
敷着一层薄薄的泥土

泥土沉默无声
也无芬芳
泥土上可以种花　种草
种各种庄稼
布置成一个大花园

泥土灰暗不发光
也不吟唱　呐喊
但是泥土
可以制造陶盆　陶钵
甚至各种乐器
当然还有砖瓦
建造长城与城墙

泥土不像大海
拍击层层浪花
但它可以承载蓝天
可以把无数矿石蕴藏

泥土也像海水吞噬一切
把一切脏污涤荡
让一切生命重新萌发生长
生机勃勃——世界
始终是个大花园

我们双脚踩在土地上
一团团泥土在手上开花！

万家灯火

是谁把这万家灯火
点亮　让它像一片
璀璨的海洋

是谁点亮这里的第一盏灯
我在哪里寻找
打开这片平原的最初那把小铲

有了一盏就有两盏三盏
千万盏聚拢也不过
几十年时光

就像无数朵鲜花绽放
每一盏下面都有一个家
都有亲切的面庞

为了这一朵朵鲜花不凋谢
多少人在默默地奉献
多少人要把自己冶炼成能源

开拓者和后继者一脉相传
他们把心掏出来用汗水浇灌
这鲜花便在大地上永放光芒

万家灯火　不分彼此
一盏盏融汇成一片
大地便比星空还要壮观

暖　雪

雪是暖的
只有稍稍变暖的天气
才会下雪

在这之前
冷是一把刀子
从反面烫手的铁

那么森严的寒冷
冰窟　竟然也能
飘出花瓣的柔姿

一缕一缕　一片一片
似乎要把寒冷撕成絮
或者做出为寒冷赎罪的表示

更是为打捞沉沦下去的众生
让渴望的眼变得湿润
不再生涩

于是在结构成晶体的过程中
消耗一部分寒冷
直至让人感到燥热

雪是暖的
因为它来自天上的光明
没有光明就没有雪

一朵小小的火焰
被点燃　旋转　落下
依偎着大地

大地传出微微的喘息
把那雪溶化
水把干土润泽

雪是暖的
用吸收寒冷转化的那一点点热
召唤春天的微微芳馨……

月　球

今夜的凝视让我恐惧
月球多么像一个纯钢抑或玻璃制品
人为的结构
且那么晶莹剔透

我真怀疑登月者看到的都是假象
人人传说存在一个可怕的月球背面
那里布置了多少超级武器
还有一只只神秘的巨眼

如果有谁建立了别样的组织
实行血腥的统治　在那里
我们是不是也逃脱不了被控制
地球真的是人类的监狱

不！这样的看法我决不能接受

我所看到的月球是地球的伴侣
它伴随着地球在太空的脚步
不离不弃　偶尔悬起一面镜子
让我们窥探宇宙

今夜月球寂然无语
亿万斯年　月球默默陪伴
人类唯一的慰藉
如何把它想象成恶兽

唯一担心的是两者的分袂而去
虽然一年才几厘米
万一亿万年后在太空失散
失重的地球将万劫不复!

河　流

无数的涛声像摇篮
把我摇睡又把我摇醒
河流走过沙漠的旷野
却遗留给我一个小村

一条河流来临　一再来临
总是那么固执
仿佛不可改易　不管多么孤独
也要走完它的行程

我跟着它蹒跚学步
却一头扎进浓荫
无数的飞鸟带来无数的云絮
太阳和月亮闪耀绿色的光影

仿佛有种默契

有时劈山开岭有时绕道而行
疲惫也罢　不知疲惫也罢
都在大地上留下湿润的足印

河边出生的孩子多么幸运
他的梦境里一定会出现帆影
他横起一支竹笛吹着
总有一天会听到海涛的和声

怀抱着圆月一路疾走
河流给两岸撒播多少种子
还有那无数的鱼群
每一夜都进入游子斑斓的梦

有一夜　他梦见水底的大鱼
在沿着一个传说逆流而进
它似乎朝远远的一道堤坝腾越
却掀不动门上一幅梦一般的帘影

一束闪电消失在水中……

骨 笛

这才是灵魂的声音
一颗飞翔的灵魂
一颗灵魂在飞

它因为贴近骨头
不！它深入骨髓
这才撕心裂肺

怎么能不发出声音
早晨这么好　蓝天那么高
多么让人跃跃欲——飞

啊！　飞起来了
天空就是家园　就是陆地
云彩就像花朵芳菲

一冲九霄　山河在脚底下
旋转　旋成波浪
大地披上了一层薄薄的翠微

生命在这样的高度建立奇迹
一双鹰眼　却能穿过云缝
洞察丛林中的鼠辈

只有流星和闪电可以媲美
只有骄傲与自豪充盈胸臆
每一个日子都化为脚爪下
扭动的流水

畅快淋漓　纵横快意
然而这一切也都成为记忆
雄健的生命归结于一支骨笛

于是　每一缕长音
都是对昨日的追溯　都在摸索着飞越
那么迅疾　那么尖锐——

树——人

树就是人
每个树干里藏着一个人的身影
树冠里藏着他的脸与笑容

它和人一样总是站着
站在天地间　必须如此
才能经得起雷霆和风雨

无论经历多少冰雪　它都
把一切收藏在枝枝叶叶间
默默无语

忽然开出花　结出果实
那是它一辈子的努力和欢喜
仍然不动声色　心事刻进年轮

而倒下　是它最后的归宿
囫囵做栋梁的很少　还是切割成片
打成各种日常用具……

用什么来形容它
我忽然拿不定主意
是坚韧还是逆来顺受

夜晚走在大街上
从行道树旁走过
我总感觉有一个人会从树干跃出

拦腰抱住我　说
兄弟　我把你想得好苦
现在让我们叙叙心头的痛楚

然后　一同归去……

一　叶

一叶障目
我躲在一叶后面
　捕风捉影

一叶　我凭着一叶如偈语
叩开森林之门
波动的绿潮向我纷涌

一叶　我沿着树干而上
就像一叶帆航行于春风
不知道　大树
会不会把我记录进年轮

一叶　顺流而下
移开整个沉沉宫殿
获得一片原野

一叶　落下来

山明水净

檐角的铁马叮咛

追寻时光的背影

一叶　来年才能重返枝端

谁在一叶底下

聚拢纯净的阳光

焚烧出火红……

水的门

水与水相连　聚积成渊
天下的水围绕地球奔腾
水与水溶合成大海
让我们的翅膀折断于飞行

但终不能隔断我们
因为每一滴水都可能是门
用我们的手掌扒拉　它会闪出一道缝
在那里　我看见水底的光影

在那里　我们会找到一条出埃及的路
在那里　我们会劈开一座座水的山岭
为了找到应许的福地　我们走吧
海水向两边退出一条路径

这是什么样的启迪

每一滴水都可能是门
我们手指轻叩就发出回声
打开它就打开一个世界：全新！

只有打开这扇水之门　我们
才能像箭镞一样射入海底
驾驭长鲸引着花团锦簇的水族
沿着海沟　千里纵横

把水滴与水滴分开　就有
一扇门通往一条海底大道
就能追逐消失在水中的亚特兰蒂斯
或许还能看见心爱的鱼美人

把水滴与水滴分开
我们就能沐浴到另一重海的新鲜海风
就会看到另一种日出
摘到更近在咫尺的星

水之门　水之门
每一滴都是门
不要怕它在我们身后合拢
向前才能打开风景！

高　铁

它改变的不仅是速度
而是人

它改变的不仅是空间
而是视角与视野

它改变的不仅是视野
而是心灵的阈限

心在扩大　变广
大得能盛得下一切

心在扩大　也在变强
强到可以旋乾转坤

急遽地奔去　它

仿佛在翻阅大地的书页

无数的事物纷至沓来
而又自然地贯通　重叠

风景之上　又可以
诞生或裂变出新的风景

溶解了一些什么　穿透了一些什么
速度改变一切

唾弃任何僵硬的脑筋
唾弃一成不变

乘奔御风啊　风驰电掣
终有一天　人可以与神仙会面

不可想象让它去倒着行驶
那样出现的情景将何等惨烈

你看见的雨

你看见的雨
它已经非常古老
也可以说非常年轻
年轻是因为当下才被你看见
你们相契于同一时空
而古老　你并不能看见
因为你视力有限
它来自无边的苍穹
但此刻　它就是饱满的
一滴　比较圆润而透明
它传达着宇宙的信息
义无反顾赶着自己的行程
它要落地或汇入江海
是第几次谁也说不清
反正就在一种循环中
正如它的前世或许来自哪条溪流

或许曾在哪片芦苇丛中栖身
在某个草尖闪烁晶莹
现在这些都已模糊甚至消失
它要将新的蜕变完成
——那么你们的命运多么相似
所以你们在相遇的一刻
心灵才如此悸动
起码　你感觉自己被含进
一颗巨大的雨点中
朝着一个不可知的地方落下
深不见底　渺无回音……

被弃的地球

最后的时刻终于来临
最末一艘飞船也已消失在远空
荒凉是最大的胜利者
开始大踏步地主宰大地

扼住了一切生机
城市只剩下一座座空空的高楼
就像麇集的甲虫死在一起
那么多汽车锈蚀
成铁　大地已出现裂缝

荒草把所有的道路锁封
藤蔓自由地出入人家
江河或干涸或渐渐停止流动
泉水像死亡的眼神空洞

仅剩下的鸟儿在寻找归宿
叽叽喳喳　叫声是那么急切惶恐
那只巨兽在最初的得意之后
也长时间失神地卧于草丛

再也没有彩虹出现
甚至也听不到雷鸣
连一朵雪花都很奢侈
只有风在一阵阵呜咽

倒是偶有海市蜃楼示现
那里是一道道的城堞
没有反应堆　没有蘑菇云　沙尘暴
和激光闪电　只有朴素田园笙歌隐隐

人去往哪里？是少数还是整体
迁移　是往另一个星球还是分散漂泊
最后的电磁波无数次传来呼叫
却渺无回应……

傩

是不想暴露自己
还是想以此吓人
一张面具在脸
面目顿时狰狞

在外壳的掩饰下
可以做出任何事情
包括饮人血餐人肉
都那么堂堂正正

一代一代流传
一边疯狂地跳
一边声嘶力竭地喊
以此壮胆抑或娱神

你就是神灵留在人间的

语言　你说出远古
人的脆弱和渴望
才显得无所不能

其实遮掩更容易暴露
你显示的是自己的内心
于是　不管你多么狞恶
都带有一份人间的温馨！

风　筝

不能忽略这个事实
只当有风的时候
我才能飞起来
没有风　我就奄奄一息

在那一千米的高处
我抖动着身体
像鸟儿展开翅
让风梳理毛羽

此刻群山都在我脚下
我甚至可以触摸云絮
悬崖陡然地倾斜下去
江河如丝缕细细

我深情地俯视大地

我想融入蓝天深处
但一阵战栗提示我
我不能摆脱一根线的牵系

我一度讨厌它　诅咒它
但我瞬间懂得
没有它　我就是折翅的死鸟
毫无生气地匍匐在地

我终于习惯并骄傲如此
一根线连接天地
并源源不断
向我输送：力

我甚至懂得这根线的内涵
它是爱　信念　文明
也是往昔　肉身　旗帜……
我只想带着它　飞过天际……

第五辑

水底的火焰

水底的火焰为什么存在
水底的火焰为谁而生

是不是那一束阳光
来自七万米的高空

是不是一束地火
冲破一千里的岩层

你被置于水中
为何没有熄灭

在水底轻轻曳动
是一缕烟一片云一束光影

水底的火焰蓬勃

预示潜藏的不屈的心

被水包围变成琥珀
被水催生与浪共舞

水底的火焰
你在把我呼唤

水底的火焰
你把大陆架向陆地引领

水底的火焰
千里驰骋千里辉映

不仅照亮浪花与水族
不仅照亮犀牛与寒冰

水底的火焰
为我开门为众生开门

把我熔化吧
自手指到嘴唇熔入火中

水底的火焰
把水底变成天空

大海的会见

夜里
我住进一间旅舍
朦胧间
我以为离开大海已远

朦胧间
我仍然听到了“哗啦——哗啦”的
巨响
我惊醒过来　赶忙跳起来
打开门来

果然　那个蓝巨人
还在　或者说
他又从远方赶来
赶来和我会见
他披着蓝色的大氅

他的衣袍滚着波涛的花边
他在微微地喘息
在他身边的杉树林
正升起一轮明月

他走到我的地板上来
赤着脚　带着透明的脚印
他坐到我的木椅上
坐得木椅嘎吱响
连屋子也在微微地摇晃

他在我屋里徘徊
他大声地说话
露出了一排白亮亮的牙
他爽朗地笑
蓝色的海浪
墙壁上席卷

我不知以何面目和姿势见他
他却拍了拍我的肩
他说　嗨！兄弟
你不是叶公
你是我遗留在陆地的

一位兄弟！

你是我的一个影子
你跟随我走过千万山岳与沟谷
自从你见到我的一刻
你再也不能把我从你身上
剥——除——

他一边说一边掀动衣襟
这个多动症的长兄
他的衣襟下也是海浪　海浪
海浪间闪烁着珠贝和珊瑚
这个兄长的馈赠竟如此丰富

我望着　忽然流出了泪水
我用嘴角品尝泪水
它果然像海水一样咸涩
而正是此刻——
无边的海浪拥抱了我

一个无声的精灵
在奔腾的浪花里逝去……

每个人都是愚公或西西弗斯

每个人都是愚公或西西弗斯
每个人面前都有一座大山
要么把大山挖掉
要么把这块石头推上山去

这就是我们的命运
那座山与地平线与生俱来
山压在地平线上
地平线上山门打不开

于是只能挖　一锄头　一镢头
地挖　于是只能推
一尺一尺地推　但是
挖过的地方又长　推上去又滚下

于是周而复始

于是挖山不止　推石不停
甚至要调动子子孙孙
忘记岁岁年年　日日月月

其实这未尝不好
起码不会无事可干
或许这就是我们的事业
为此我们才有信念

没有哪一天止息
甚至风里来雨里往
有时候我们在夜幕下醒来
似乎看见大山裂开一线天

其实那仍然是召唤
召唤我们走向挖山或爬山路
大山始终屹立在我们面前
但我们为后人留下了背影或传说……

我把心埋在一棵树下

我要把我的
受伤的心埋在一棵树下
让它在泥土中把伤口愈合
长得高高大大

用一年或一天的时光
它要把射到它身上的刺
都褪下　埋在地里变成根茎
它将向地底伸展　探求泉水阳光
好去摸摸头上布满星光的蓝天

它一直都在长啊
在时光里远航　竖直了桅杆
再也不用匍匐下来沉溺于哀伤
它生出蓬蓬勃勃的绿叶
就像鸟儿眷念这个家

它再也不要沉默
每日每夜都有歌唱
它的心里有一张唱片
储存一首歌的海洋
指针一指　每个音符都旋出清澈的花瓣

我的心不必担心
再在苦水里浸染
它变成了一棵树
它的笑声如累累的果实垂挂

我把一颗心埋在一棵树下
大地会唤醒它高高的志向
举起它就像举着一束花
从平凡的大地出发
向着蓝天　也向着远方……

一颗星落入井中

一颗星落入井中
只听见咕咚一声巨响
就像一块燃烧的烙铁淬火
熄灭了所有的光芒

也不知有多长时间过去
笼罩水井的始终是寂寞与黑暗
直到有一天井底翻起了波浪
井面上飘起了幽幽的歌唱

随着歌声的飘扬
井筒也生发了光亮
那光线把井壁穿透
整个水井像一颗水晶熠熠闪光

璀璨……光辉照亮了山谷

也照亮了悬崖　照得周边
森林　草丛像翡翠碧绿
山花似火一般欲燃

群鸟翩翩飞来
以为一颗新的星体诞生
以为地球变成一个发光体
有无数天体围绕它飞旋

久久地　久久地光芒不熄
一个新的传说在流传
在这个星球上有无数光明树
开枝散叶　爆发无数光华

这个神奇的星星在哪里啊
或许在井里再也找寻不见
或许有一天井里的光芒熄灭了
你也不要忧伤——他一定
　又重新回到了天上！

所有的旗帜都呼唤着风

所有的旗帜都不惧怕风
都呼唤着风，而且要刮得劲猛
把旗帜呼啦啦地展开
像一束火焰在风中奔跑

所有的旗帜都不避风
都呼唤风来激活它的生命
让它获得龙一般矫健的身姿
在空中飞舞在大气中泅渡

没有风，所有的旗帜的臂膀
都耷拉下来，与旗杆
喃喃纠缠
欲飞还止，又不甘心

没有风的旗帜不能像大地

一样展开，召唤所有的生命
让江河奔涌群山如浪
闪电穿过雾霭云层

所有的旗帜都呼唤风
迎着风把一条条大路打开
迎着风让太阳映得通红
迎着风像战旗一样刮起猎猎的曦光

旗帜的光芒在风中辐射开来
所有的荒山秃岭都绿意葱茏
这旗帜轻柔抚摸天空的面庞
每一颗星星都一往情深

所有的旗帜都等待风来唤醒
就像我的心萌生五月的红色
不，我的心也将变成一匹战马
追随呼啦啦的战旗，踏破关山万重

杜鹃夜鸣

总是在清凉的夜里飞来
当沸腾的市声沉落下去
当阴霾降落下来变成尘土
它飞来并发出鸣叫

那是一丝光线熠熠闪亮
它的叫声穿过整整一年的黑夜
与更长时间的沉寂　把清醒
提到每一个谛听者的眼前

浸在水里的一颗水仙发了芽
那芽长出叶　在风中摇曳
稍待　黎明花就将开放
虽然那芽随即把自身隐藏

它从我的庭院的高空掠过

在我书写的纸上光亮一明一灭
不知为什么它有些慌急
失去一个春天大于失去一个王国

我看不清它在哪里
我甚至从没见过它的样子
今夜　它会停栖于何处
会不会被夜融化或吞噬

我急忙把它写进文字
它的鸣叫正如蚕的吐丝
那光闪过就不会消失
永远在我的后脑闪现

虽然每年只听见一次
足以　提醒
开启春天　田野等待种子
或许是黑夜化作春泥　化作一只杜鹃
万物都要在春风里发言

夜行记

走在我前面的是一颗小星
不知从何而来又将何往
它飘舞如一只萤火虫
突然从树丛现身

走在后面的是风
它在山腰等待多时
仿佛我们要去抬上第八个铜像
然后穿过一片战争

烟雾飘飘牵着我的手
有些冰凉　又有些烫人
偶尔雨点还会加入
还有玉米林中的唰唰声

我们在山岗上走着

忽然感觉就像行走在星空
或许会倒垂下来吧
草丛自动分开　闪出小径

河流里的鱼还在做梦
树木忍不住吐出清芬
可能我们只是两只昆虫
爬行在一件黑衣大氅上

但我觉得有一点毫无疑问
只要行走　我们终会和夜
一起走到黎明　道路
突然安静下来　等待风景

发光的并不都是金子

说得好　发光的
并不都是金子
而且常常都不是金子
比如那背后镀了一层镍的镜片
比如那不锈钢片
比如那萤火虫的屁股
比如那狼的眼睛
它们都能发光
都在一闪一亮
它们自豪　骄傲
甚至嚣张
金子算什么
那么笨重
那么保守
不如我们对光的反应
来得迅速

只要有一丝光照来

我们便粲然

只要望上一眼我们便攫住人的视线

我们灵活地出现　登场

让金子退避得远远

舞台留给我们

宣告金子早已过时

我们要响亮悦耳地歌唱——

耶　稣

一切都结束了　苦难
自从我被钉上十字架
上帝给了我应得的死亡

无穷无尽的混乱和恶
还在世上泛滥　我曾想
把一切背在我背上

可此刻　家园仍烟尘滚滚
处处都是破碎的唇　空洞的眼
褴褛的衣衫

我不忍看　一切徒劳
黑夜漫长　那么多人
在是非混淆中痛苦地挣扎

我所受的苦没有得到报偿
我愿风把十字架上我的肢体
和心吹凉

也许这样可以给众生的心灵
减去一点重压
抑或放入一点点光……

一切都结束了　沉沦的继续沉沦
升华的必定升华
黎明带着血色来到人间

一切将重新开始　踵破趾烂
手掌穿透　衣襟被撕成碎片
却有一丝丝甜来到我舌尖！

我的马

我当然希望它是只鸟
一飞冲天——

可它常常是一只蛙
在崎岖山道上蹦跶

白天我的马是蛙
夜里我的马是鸟

各行其是倒也无妨
要命的是　那白天的蛙

总是要把夜里的鸟追赶！

取一点

谁叫我是个诗人
我不能要太多　只要一点

我从画眉的歌声中取一点圆润
我从少女双眸里取一点秋水

我从远山的波浪中取一道弧弯
我从纺织娘那里取一根银线

我从生长的鹿茸中取一点力
我从飘扬的旗帜里取一种语言

我只取一点　那一点是蜂蝶的眼
是风的笑　是翠鸟身上的翠绿

还有鹦鹉舌头的灵巧

鱼尾的活泼与牛蹄的坚忍

马蹄上的一点火星　还有
矿石和绿松石深藏在地下的梦

我只取一点　不要太多
每取一点　我就完美一分

那样我就真正成为
自然之子
我越发纯粹——

在风中

风中有一枚硬币在滚动
擦亮了一个诗人的眼睛

风中有一棵树在燃烧
天上冒出噼噼啪啪的火星

风中有一尾鱼渐渐僵硬
不闭的眼会不会感叹世界就这么冷

风中有一片羽毛在飘呀飘
一刹那间　它又变成一只鸟

风中有一条小溪谁也不理
溪上的木桥空了一个世纪

风中有条路布满尘土

尘土下的脚印谁能把它抹去

仿佛是这个星球的呼吸
如果没有风　一切即停止

出生与死亡都在风中
瞧　那边正有个孩子在蹒跚学步

这个孩子是我吗
四十年的间隔薄如蝉翼

那风还在吹着
吹得我的腮上长出了胡子

继续吹　脸面长出了皱纹
长出了白发　长出了老年斑——

一万年　一亿万年那风还在吹
有一天会不会寻找和打问：

那个写诗的孩子去了哪里？
怎么无影无踪？不须问也有答案——

总有一天那风要把太平洋　大西洋
地中海　北冰洋所有的海水——吹尽……

醒　来

首先是太阳醒来
悄悄地睁开眼睑
黑暗便倏地退去
天空上涌现云彩

随后是花儿醒来
泪珠从腮边滚落
为奉献馥郁芬芳
一瓣瓣把自己打开

水也醒来河水流得畅快
天上的云彩投入胸怀
转眼变成云帆游弋
一叶叶直向沧海

所有的都醒来了

鸟儿拍动翅膀
绿树也有了飞的姿态
青山如波浪汹涌澎湃

而我醒来却有一阵怔忡
咦　我怎么在这里
随着大地上的一切
围绕着太阳翩翩地飞向未来

猫头鹰的一夜

夜那么黑　那么黑
就像掉进漆罐里面那样
夜茫茫无边　茫茫无边
每个人都如置身大海　孤立无援

为什么连一丝星光也没有
它们全不会如草一般
被一只手刈割
而月亮呢也被谋杀在遥远的天边

往日喧闹的鸟儿早已缄默
躲进不知在何处的巢穴
动物消隐无踪
甚至不把任何气息留在地面

万籁俱寂　仿佛被

投进了深渊　只有一颗心
在噗噗地跳动　喘息
表明大地并没有死去

在那一棵孤零零的高树上
倒是有一只猫头鹰瞪大眼睛
仿佛守住了最后一片领地
仿佛赌气看一种结局

它像一尊古瓮端端正正
稳稳当当地坐在了枝丫间
仿佛有意抵挡死亡的气息
一屁股坐进夜的深处

它稳稳地坐着　坐着
就让夜无止境地深远
它克制最初的焦躁
一直一直坐下去　坐下去

没想到　夜也不经坐啊
猫头鹰的屁股后面　那层布在变薄变细
最后竟渐渐变白　直至从那里
有一线霞光　开始折射——

请把门打开

只这一句就足够
请把门打开

请把门打开
甚至不管有什么在门外

这是春天了啊
又不是冬天　晦暗　窒塞　雾霾

请把门打开
因为门外　万物都在春光里
竞逐　驰骋　生长
竞相爆发生命的光彩!

或许暴风雪肆虐的冬天
才把门关起来

只有面对鬼蜮　风尘鸿洞的世界
才与他远远地隔开

只有没有见过世面的婴孩
才连窗户也不敢挨近　生怕
看见虎豹妖怪

我们不是！我们可以坦荡地
走上大道　通向地平线
通向五湖四海

那么　请把门打开
让我们的视野和心胸
都一样无边无碍

请把门打开
放进新鲜的阳光新鲜的风
甚至连那一弯虹彩

即便真有人赤身骑着文狸
驾着雷车　控御着闪电
也不必大惊小怪

请把门打开
有此一句　足够精彩

看鱼龙曼衍星月交辉
风雪织出七宝楼台